わたしたち不満族

A・スマナサーラ
スリランカ初期仏教長老

国書刊行会

はじめに

本書では、「満足」「充足」ということに焦点をあててみます。多くの人びとは、なんらかの「不満感」「不服」「欠落感」「喪失感」といったものをかかえて生きていると思います。そして、それが「満たされる」可能性は、きわめて低い。

♪わたしは満足できない、がんばっても、がんばっても……できない！

と叫ぶ、若者の歌まであるくらいです。

お釈迦さまは、「苦（ドゥッカ）」についての教えのなかで、「求めるものが得られない苦しみ」を説かれました。はたしてわたしたちは、この苦しみを乗り越え、「満足感」を得ることができるのでしょうか。この得体のしれない「不満感」は、どこから生じているのでしょう。

「不満」の謎を究明し、なにがあっても失われない「満足感」を味わうために、ブッダの智慧《ちえ》を学びましょう。

アルボムッレ・スマナサーラ

わたしたち不満族
満たされないのはなぜ?

目次

はじめに

第1章　日本人の満足と不満

目　次

第2章　「満足」と「生きる」は敵同士

目次

第1章　日本人の満足と不満

1　満足

あるアンケート調査で、「日本社会において、今の自分の人生に満足している人の数は過半数になる」という結果がありました。世界の人びとはだいたい不満を持って文句をいいながら生きていますが、日本人はそれほど不満を感じることもなく、落ち着いているというのです。

これはある一部の人を対象にしたアンケートですから、あまり当てにならないと思いますが、日本人はほんとうに今の自分に満足しているのでしょうか。もし満足しているなら、なにを根拠にそういっているのでしょうか。

まずは、そのあたりから話をすすめていきたいと思います。

❏考える暇がない

素直に申しますと、日本のかたがたは「満足しているかいないか」ということを、あまり考えたことがないのではないかと思います。

というのも、日本人はとにかく忙しくて、朝から晩までずっと働いていますから、「今の人生に満足していますか？」と聞かれても、そんなことを考えたことがないし、考える暇もないのです。

それで、アンケート用紙の「はい」というところに適当に○《まる》をつけるだけで、自分自身でもほんとうは満足しているかどうかということは、わからないのでしょう。

では、この「休む暇なく朝から晩までがんばって働いている」という日本の状況は、幸福な現象でしょうか、それとも不幸な現象でしょうか？

朝から晩まで忙しいということは、べつに悪いことではありません。なぜかといいますと、よけいなことを考えずにすみますから。よけいなことを考えると、こころは混乱して、いろいろなトラブルをひき起こします。暇があると、すぐに妄想して悪いことをするのです。

でも、日本のかたがたは四六時中忙しいものですから、よけいなことを考える暇がありません。

それで、他人に大きな迷惑をかけることもなく、犯罪数も少なく、平和な社会が成り立っているのです。

したがって、忙しいということは悪いことでも不幸なことでもありません。だれでも、戦争をしている社会よりは平和な社会のほうがいいでしょう。

❑満足の裏

一般的に日本人は、朝から晩までがんばっています。睡眠時間を削り、時間的にも能力的にも自分にできるギリギリのところまでがんばっています。

そのため、「これがほしい、あれがほしい、こうなりたい、ああなりたい」という欲望や希望が、あまり湧いてこないのです。

現状で精一杯なものですから、「これでけっこうです、満足しています」といわざるをえないのです。

「これ以上はどうにもならない」とあきらめている面もあるでしょう。

たとえば、一人の子どもをもつ若い母親に、「もう一人子どもをつくらないんですか？」と聞いてみるとします。

子育てに疲れている母親なら、「一人で十分です」というでしょう。その母親は、一人の子どものめんどうをみるのに精一杯ですから、子どもは一人で十分だというのです。

他方、もう一人の母親は、「どんな子どもも自分で成長するものだ」と考えて、子どもがすくすく成長していくようすを楽しみながら気楽に子育てをしています。こころに余裕がありますから、「もう一人ほしい、もう一人いればもっと楽しいだろう」と考えるのです。

一見、この母親は明るくて元気に見えるかもしれません。でも、こころを分析してみますと、「もう一人ほしい」ということは、つまり「一人の子どもでは満足していない」ということになるのです。

逆に、前の例の母親は、一人の子どもで精一杯だから、「もう子どもはいりません。一人で十分です」と満足しています。

ここで、「満足」の裏に隠れているものがおわかりになると思います。「満足すること」の裏には、「忙しい」とか「精一杯」という、こころがはたらいているのです。

❑自分以外のことには興味がない

それからもう一つ、日本人の特徴として、社会や世間のことにたいして、あまり興味がないということがあります。

なにか事が起こったとき、一時的には「この国はどうなるのか、なんとかしなくては」と大騒ぎしますが、二、三日もすれば興味はなくなり、忘れてしまうのです。

自分のことで忙しくて、ほかのことにはあまり興味がないようです。

❑日常生活で精一杯

先のアンケート調査の「日本人の過半数が今の人生に満足している」という結果を分析しますと、けっきょくは「忙しくてよけいなことを考える暇がない」ということになります。

ですから、「満足していますか?」と聞かれれば、「満足している」と答えるしかありません。忙しすぎて、不満を生じさせる希望や期待も出てこないのです。

たとえばサラリーマンのかたがたは、会社に入って五年や十年もすれば、つぎつぎに仕事を任されて、ものすごく忙しくなるでしょう。それで、時間や体力も能力もギリギリ精一杯の状態になるのです。

たとえ昇進の話がもちあがっても、

「課長になるなんてとんでもない。自分は今の仕事で精一杯。これ以上はやれません。今のままでいい」

となるのです。

このようにして、今の状態に満足しているのです。

2　不満

どのようなとき「不満」になるのでしょうか？

□標準レベルに達していないとき

生きることには「レベル」というものがあります。その標準レベルに達していない人は、不満になります。

たとえば、大学を卒業したのに仕事にも就かず、部屋に閉じこもっている青年がいるとしましょう。ご飯を食べるために食卓にも来ませんから、母親が部屋に運んであげなくてはなりません。

母親は、自分の息子のことを「一流大学を出た優秀な子」と思って大事にしているかもしれません。でも社会的にみれば、この青年はまだ標準へベルに達していないのです。

この青年がなぜ外に出ないで閉じこもっているのかというと、外に出れば社会というものに出会うからです。

たとえば、飲み屋さんに行ったとしましょう。まわりの人はなんのことなく「今なにやっているの?」とか「大学卒業したのに、なんで仕事しないの?」と聞くでしょう。しかしこの人は、そういうことを聞かれたくないのです。もしかすると、「自分は世界一偉い」と思っているかもしれません。

でも家の外に出れば、そのレッテルはいやおうなしに剝《は》がされてしまい、まわりからズケズケいわれるのです。ばかにされることもあるでしょう。それがいやなのです。

ですから外に出ませんし、買いものにも行きません。家の中に閉じこもっているのです。

このような人びとは、ちょっと外に出ると、むちゃくちゃ不満を感じるのです。不満を感じるのは、まだ標準レベルに達していないからです。

普通の人なら、「わたしはこういう仕事をしているんだけど、毎日忙しくてたいへんだ」などと、人と対等に会話することができるでしょう。

会社に入ったばかりの新入社員は、失敗が多いかもしれません。でも、「今日もまた上司にどなられた」などと社会で会話できる人は、精一杯がんばっているのです。ですから、いちおう満足しているのです。

そういうわけで、標準レベルに達していないと不満を感じるのです。

□欲が深く、希望や夢がいっぱいあるとき

どんなにほしいものがたくさんあっても、希望や夢がいっぱいあっても、身

体は思うように動きません。

人間には、身体と時間という二つの制限があります。なにをおこなうにしても、その制限のなかで生きていなくてはならないのです。

しかし、欲や希望、夢というものは、身体や時間を気にしません。時間や空間に関係なく、「ああなりたい、こうなりたい」「あれがほしい、これがほしい」と妄想するのです。

その結果、不満になるのです。

❏能力や才能がないとき

社会というものは、個人にたいしていろんなことを要求してきます。そこで、それに見合うものが自分にないと、不満になるのです。

たとえば、子どもたちは不満だらけでしょう。

というのも、親たちが自分勝手な妄想と欲望で「大きくなったら偉くなりなさい」とか、「医者になりなさい」などと、子どもにいろいろ要求するからです。もしかすると、その子どもには病院の床掃除をするぐらいしか能力がないかもしれません。なのに、親は一方的に子どもを医者にしたがるのです。そうすると、子どもはすごく不安になります。

親の期待に応えようと一生懸命がんばる子もいるかもしれませんが、もしその子に能力がなければ、挫折《ざせつ》感を味わい、自信をなくし、よけいに落ちこんでしまうのです。

これは、大人でも同じことです。

社会はわたしたちにいろんなことを要求してきますが、自分に能力や才能がない場合、不満になるのです。

□社会にいわれることが気になるとき

「社会」とは、自分以外のすべてのもののことです。社会というものは、好き勝手で無責任に、なんでもかんでもいってくるものです。他人がどんなことをいうか、まったく予想がつきません。

たとえば、会社の人たちと宴会をしているとき、突然「あんた、歌えないの？」と聞かれたら、歌が下手な人なら一時的にショックを受けるでしょう。落ちこんで、不満が生まれるのです。

人にいわれることを気にしはじめると、きりがなく、不満を感じます。

子どもたちが失敗するのは、親のいうことが気になるからです。聞き流せばいいのですが、聞き流すことができない性格の子どもは、不満やストレスがたまり、それが我慢できないところまでいくと、犯罪に走ったり、最悪の場合、親を殺す可能性もあります。

ですから、気をつけたほうがいいのです。日本は平和な国だと、安心しないほうがいいと思います。

ポイントは、

「あなたは他人のいうことが気になる性格でしょうか」

「人にちょっといわれただけで傷つく人でしょうか」

ということです。

他人のことばを気にする人は、かなり不満がでてきます。

❏自分自身でどうすればよいのかわからないとき

どうすればよいのか、どんな人間になればよいのか、なにをすればよいのか、そういうことがぜんぜんわからない人は、不満しかありません。

わたしたちは子どものころから、「どんな人間になればよいのか、どのように生きるべきか」ということを、はっきり知っておいたほうがよいのです。

でも残念ながら、日本の学校では、あまりそういうことを教えていないようです。

子どもたちは、義務教育だから小学校と中学校に行き、友だちが進学するから高校に行き、仕事をしたくないから大学に行く、というな感じで、しっかりした意志をもたないまま、ずるずると歳を重ねていくのです。

こういう生き方は、人間としてよい生き方ではありません。

「こういう勉強がしたい」「こういう仕事がしたい」という、はっきりした気持ちをもつことが大事です。

たとえ親やまわりが反対しても、「自分はこういう理由で、こういうことがやりたい」と決めた時点で、自分がしっかりしています。そのエネルギーは、たいがいよい方向に向かうものです。

反対に、自分ではどうすればいいのか判断できず、「みんながやっているから自分もやる」と甘えて育った人は、不満の人生を送ることになります。

そういう人たちは、仕事をやらなければならないけどやりたくないとか、上司に叱られたからやる気がなくなったとか、なにか言い訳をしたり、まわりに責任を転嫁して生きています。

それで、不満が増えるのです。

3 「満足組」対「不満組」

❑不満組

「不満組」の性格は、暗くて、不満ばかりいっています。道を外すと、なにをするかわかりません。自己破壊に陥《おちい》ったり、犯罪をおかしたりすることもあるでしょう。

❑満足組

「満足組」は、元気で明るい性格ですが、調子に乗りすぎると傲慢《ごうまん》な面もみられます。また、日常生活のなかで自分の決まった生活パターンがくずれると、対応できなくなり、混乱するところもあります。

冒頭でもお話ししましたが、日本人はなぜ満足しているのかといいますと、あまりにも忙しいからなのです。

決まっている生活パターンがあり、朝から晩までやるべきことがぎっしり詰まっているため、よけいなことを考える暇もなく、希望や夢をいだく余裕もない。だから、満足して落ち着いているのです。

しかし、いつもの生活パターンがくずれると、とたんに対応できなくなります。

日本の社会では、「今までうまくいっていたのに、ちょっとしたことで全部くずれてしまった」ということが、テレビや雑誌などでよく報じられているでしょう。

満足組の危ないところは、ここです。

スムーズに流れていれば問題ないのですが、いつもとちがうことが起こると、対応できずに失敗したり落ちこんでしまうのです。

❑世間の流れに適応できない不満組

不満組は、世間の流れに適応できません。友だちと仲良くしたり、近所づきあいをしたり、会社の上司や同僚とうまくつきあうことができません。

社会に適応することがむずかしいのです。

❑世間の流れに身を任せている満足組

満足組は、世間の流れに身を任せて生きています。それで安心感を得ているのです。

わかりやすくいいますと、「みんなと同じことをやっていれば、それでいい」

と考えているのです。

学校に行き、就職して、結婚し、子どもを育て、普通の流れに合わせていれば、それで十分ですと。

満足組の特色は、自分でものごとを判断するのではなく、ほかの大勢の人びとがやることに合わせて生きているということです。

❑問題が起きたとき解決できない

みなさんのなかには不満組に入るかたは、ほとんどいらっしゃらないと思いますので、満足組のことに気をつけてください。

満足組は毎日の生活パターンがくずれたり、新しい問題に出会ったとき、どうすればいいのか判断できず、混乱します。

たとえば、毎日三時に買いものに行くことに決めている家庭の奥さんは、なにか事が起こって三時に行けなくなると、それだけで「どうしよう」と困ってしまうのです。

しかし、いつもいつも決められたとおりにものごとが運ぶわけではないでしょう。でも満足組の人たちは、想定外のことが起こると対処できず、途方にくれてしまうのです。

それで、「マニュアル」が必要になるのです。良いか悪いかはわかりませんが、日本にはたくさんのマニュアルがあります。

子育てのマニュアルから介護のマニュアル、仕事のマニュアル、結婚のマニュアル、遊びのマニュアルまで、いろいろあります。

ですが、マニュアルにないことが起こったらどうするのでしょうか。

そういう予想外のことが起こったとき、「智慧《ちえ》」が必要になるのです。瞬時に判断し的確に解決できる人は、けっして失敗しません。

しかし、満足組はなかなか解決できないのです。

❏どちらも理性的ではなく感情的

世間に合わせて生きるというのは、無知な人にとっては一番安全で楽な生き方でしょう。でも、これは理性的な生き方ではありません。

他方、世間に合わせることができずに、対立やケンカばかりしている不満組も、理性がありません。ですから、どちらもともに理性に欠けています。

満足組も不満組も、感情に負けているのです。

❏両方とも依存症

また、どちらも必要以上に世の中に依存しています。

満足組はまわりに合わせることを基準にしていますから、当然依存していますし、不満組は「世の中が悪い、社会が悪い、親が悪い」などと攻撃や反発をして生きていますから、これもけっきょく、まわりに依存していることになるのです。

したがって、どちらとも「依存症」なのです。

ここまで、「日本社会における不満と満足」について話してきました。これから、仏教の話に入りたいと思います。

第2章　「満足」と「生きる」は敵同士

1 満足するとたいへん！

どんな人でも、満足して生きていきたいものです。

でも、「満足すること」と「生きること」は敵同士なのです。この両者は天敵で、いっしょになることはありません。「満足して生きる」ということは成り立たないのです。

生きていたければ不満でなければなりませんし、生きることをやめたいなら満足するしかないのです。

❑満足した瞬間には喜びがあるが……

「満足した」というその瞬間には、喜びがあります。しかし、ほんとうに満足したなら、二度とその行為をやる必要がなくなるのです。すべての機能が停止し、活発さがなくなり、もうやりたくなくなるのです。

みなさんはこのような経験をしたことがないでしょうから、あまりピンとこないかもしれませんが、たとえば子どもが部屋でゲームをやっているとしましょう。

その子どもは外へ出たくないし、電話がかかってきても受話器をとりません。ご飯も食べないし、母親が話しかけても返事をしません。このとき、子どもはゲームをすることに熱中し、時間も忘れ、ゲームに満足して、そこでストップしているのです。

このように、おもしろくて楽しくて夢中になっているときには、そこに釘《くぎ》づけになり、動かなくなるのです。

理解しやすくするために今ゲームの例を挙げましたが、これはほんとうは満足している状態ではありません。子どもはゲームに夢中になり釘づけになっていますが、ゲームに勝ったり負けたりして、こころのなかではかなり葛藤《かっとう》が生じています。

ほんとうに満足したなら、身体もこころも、すべての機能が停止するのです。

❏満足は「死」を意味する

「生きることに満足した」なら、生きることができなくなり、生きることが終了します。人生に満足したということは、人生が終わったということです。やることもないし、がんばれなくなります。

これは冗談ではなく、ほんとうに停止するのです。つまり「死」なのです。すべての機能がストップするのです。

これは、肉体が壊れるという意味の「死」ではありません。

普通、わたしたちは満足して死ぬのではなく、「絶対死にたくない。もっと楽しみたい。もっと生きていたい」と思いながら、否応なしに死んでゆきます。このとき、とてつもない不満と恐怖、絶望をかかえて死んでゆくのです。

❏明日もがんばって生きる理由

ご飯を食べる、仕事をする、学校に行く、人としゃべる、掃除、洗濯、料理、買いものをするなど、わたしたちは日常の生き方に満足していませんから、明日もがんばって生きるのです。

なにをやっても満足しません。

掃除をしてもすぐに汚れるでしょうし、一回の買いもので一生分の買いものをすることもできません。物は腐ったり壊れたりしますから、明日も買いものに行かなくてはならないのです。

今日ご飯を食べても、明日も食べなくてはなりません。今日懸命に勉強しても、知識をすべて身につけることはできませんから、明日も勉強しなければならないのです。

ということは、「満足していない」ということです。満足していないから、「明日もがんばろう」と元気でがんばるのです。

❏努力・競争・苦労のエネルギー

不満があるから、わたしたちは努力したり、競争したり、苦労を厭《いと》わず、いろんなことに挑戦しています。

たとえば「お金がない」という不満があると、「よし、もうけよう！」と仕事に精を出すのです。

このように、不満がわたしたちの行動を促《うなが》しているのです。

□花が咲くといっせいに枯れる竹

仕事は忙しいし、やりきれないし、子どもは言うことを聞かないし、なんとかしたい、安心したい、幸せになりたい、満足したいと、わたしたちは満足することを求めてやみません。

でも、実際に満足すると、想像していることとはまったくちがうことが起こります。やる気を失い、生きる衝動が消えるのです。

ところで、植物はなんのために成長するかご存知でしょうか。それは、花を咲かせるためです。

植物のなかでも、竹はものすごいスピードで、みるみるうちに成長するでしょう。竹も、花を咲かせるために成長するのです。でも、花が咲いたらどうなるでしょうか。いっせいに枯れるのです。

満足するということは、この竹と同じようなものです。

わたしたちは、「楽しみたい」「満足したい」「幸せになりたい」と希望していますが、実際にその希望が満たされると、完全にストップするのです。

満足した時点で、やる気がなくなり、生きる衝動が消えてしまうのです。

不満が生きる衝動――「生きる」という法則

わたしたちは、「満足」「幸福」「楽しみ」というニンジンを目の前にぶら下げて、それをめざして生きています。

でも万が一、そのニンジンが口に入りでもしたら、前に進めなくなるのです。満足すると、生きることが停止してしまうのです。

「満足すること」と「生きること」は敵同士です。これが生きる法則なのです。

したがって、元気に明るく生きるためには、不満というエネルギーが必要です。不満があるから、わたしたちは満足をめざしてがんばるのです。

「満足」というニンジンを目の前にぶら下げて、いつまでも走りつづけることーーこれが生きるということなのです。

2 生命を生かしているもの

□だれに生かされているのか

日本のかたがたは「生かされている」ということばをよく使っていますが、わたしたちを生かしているものはなんでしょうか。神さまでしょうか、なにか外部の存在でしょうか。

わたしたちを生かしているものは、「不満」なのです。不満が、わたしたちを生かしているのです。

不満が「ああしなさい、こうしなさい」と命令して、わたしたちの生きるパターンを形づくっているのです。

不満は、エンジンのようなものです。ジェット機が動くためには、エンジンが必要でしょう。いくら大きな両翼がついていても、エンジンがなければ一ミリたりとも動きません。

人間には「不満」というエンジンがついています。そして、そのエンジンがわたしたちを生かしているのです。

不満というエンジンがどういう方向に行くかによって、人生が変わります。知識人になるか、商売人になるか、芸術家になるか、遊び人になるか、浮浪者になるかということは、不満のエンジンの方向性で決まるのです。

たとえば、音楽が好きな人は、音楽の分野で不満を感じて「もっとうまくなりたい、満足したい」とがんばるでしょうし、料理が好きな人は、料理を作ることに不満を感じてがんばります。

「自分は頭が悪いから良くなりたい」と思っている人は、学問のほうにニンジンをぶら下げて、そちらの方向へ進むのです。この場合、「頭が悪い」というのが不満、「頭が良くなりたい」というのが満足です。

そこで、「頭が良くなりたい」と思っている人に「一日ぐらい遊んだらどうですか」と誘っても、なかなか遊ぼうとしません。その人にとって遊ぶことはおもしろくないし、すごく退屈なのです。

反対に、「遊ぶことが人生だ」と思っている人に分厚い本をあげると、つまらなくて眠りこんでしまうのです。

わたしたち一人ひとりが、「不満」というエンジンを持っています。そのエンジンが「こっちの方へ行きなさい」「あっちの方へ行きなさい」と指示を出し、それによって人生の方向性が決まるのです。

ですから、わたしたちは神さまに生かされているのではなく、不満に生かされているのです。

□生かされているという実感

「神さまに生かされている」という人は、ほんとうに経験や実感があって、そういっているのでしょうか。そうではないでしょう。いくら熱心に信仰しても、それはたんなる妄想にすぎません。ですから、神さまというものを実感することはできないのです。

わたしたちを生かしているものは神さまではなく、不満です。不満なら、わたしたちが日々感じていることですから、どなたにでも実感できるでしょう。不満は、だれにでも実感できる普遍的な事実です。こころにある不満のエネルギーが、わたしたちを生かしているのです。

哲学や宗教の世界では「神は愛に満ちている」といっていますが、その根拠はどこにあるのでしょうか。

現実の世の中は弱肉強食で、悪人が成功し、善人は犠牲者になっているという、まったく不公平で不平等な世界です。そんな世界を、愛に満ちあふれた大慈悲の神がつくるでしょうか。

そこには大きな矛盾があるのです。

一方、仏教が説く「生命を生かしているのは不満である」ということなら、世の中の不公平や矛盾をすべて理解することができます。

不満だから、わたしたちは争い、戦い、苦しんでいるのです。

世の中のいかなることも、「不満」ということですべて説明できるのです。

たとえば、ある母親が「わたしはこんなに子どものためにやってあげているのに、なんで子どもは、わたしに反抗するのか」と悩んでいるとしましょう。

子どもが反抗するのは、子どもになにか不満があるからですし、母親が悩んでいるのも、母親なりの不満があるからです。それぞれの不満が、親子関係をぎくしゃくさせているのです。

親子関係は、「２＋２＝４」のように計算どおりにいくものではありません。「母親が愛情を込めて子どもを育てれば、子どもは母親を敬い、感謝し、りっぱな大人になる」という結果になることは、ほとんどありません。

3　満足は架空のもの

□「なりたい」と「なる」はちがう

満足や幸福というものは、目の前にぶら下がっているニンジンだ、と理解してください。

わたしたちは、ご飯を食べて楽しい、家族がいて楽しい、旅行に行って楽しい、仕事があって楽しいと思っていますが、ご飯も、家族も、旅行も、仕事も、外部のものはみな、目の前のニンジンです。わたしたちは、そのニンジンを追いかけて生きているのです。

「満足したい」「幸福になりたい」「楽しみたい」など、「なりたい」という希望や理想をたくさんもっていますが、これは実際に「なる」ということとはまったくちがいます。なった時点で、もう生きていられないのです。

❑こころには常に不満がある

不満が、生きるということです。不満があると苦しいですが、不満がないと生きていられません。「元気で生きている」ということは、同時に、不満や苦しみがあるということです。「生きること」と「不満」を分離することはできません。この二つは、いつでもワンセットになっているのです。

- 不満がないと生きていられない。
- 不満があると苦しい。
- 生きることは苦しみである。

したがって、「満足して生きる」ということは非論理的であり、成立しないのです。

ここはむずかしいポイントですから、仏教を学ばないと、この論理はわからないかもしれません。

俗世間では、常識として「楽しく満足して生きる」と考えられていますが、それはありえない話なのです。

ペガサスという空を飛ぶ馬がいるでしょう。イメージとして絵に描くことはできますが、あれは架空の馬であって、実際にはそんな動物はいません。「満足して生きる」ということは、ペガサスのようなもので、実際にはありえないものなのです。

4 「満足して生きる」という矛盾

一見、明るく元気に生きているように見える人も、実は不満の衝動で動いています。よく見ると落ち着いていませんし、苦しんでいるのです。不満の衝動がないと、元気に生きることはできません。

ですから、その反対の「満足して生きる」ということは、どうしても成り立たないのです。もし不満がなく、ほんとうに満足して幸福なら、生きる力は減退します。

不満は、機械のエンジンのようなものです。エンジンがなければ機械が動かないように、不満がなければ生命は生きることができないのです。

□不満が幸福をつくる、不満がなければ幸福もない

だれでも「不満をきらい、幸福はほしい」と思っているでしょう。でも「不満がなく、幸福に生きる」ということは成り立たないのです。

たとえば、家賃も払えず食べものも買えず、三日間なにも食べていないという人がいるとしましょう。その人は不安で不満で、極端に苦しいのです。そこで、だれかに「これ食べてください」とお弁当をもらったとしましょう。そうすると、その人はたちまち元気になり、幸福を感じるのです。

なぜ幸福を感じるかといいますと、それ以前に「お腹が空いている」という不満があったからです。「お腹が空いている」という不満が、幸福をつくったのです。逆に、満腹のときにお弁当をもらったらどうでしょうか。ただ困るだけでしょう。ですから、不満がなければ幸福もないのです。

病気で苦しんでいるとき、医者が薬を処方してくれるとありがたいですが、

病気でもないのに「薬をあげますから飲んでください」といわれると迷惑です。

重い荷物を運んでいるときに、だれかが手を貸してくれると感謝しますが、ハンドバッグしか持っていないのに「持ちましょうか」などといわれると、ありがたいどころか、この人は泥棒ではないかと警戒します。

このように、なんでもかんでも不満が幸福をつくっているのです。幸福は、それ以前に不満がなければ成り立たないのです。

□負Ｖ正（幸福はゼロ以下かゼロに近い程度）

そこで不満を「負」、幸福を「正」として、不満と幸福を計ってみましょう。そうすると、負のほうが正よりも圧倒的に大きくなるのです。正はゼロ以下か、よくてもゼロに近い程度にしかなりません。

たとえば、一万円の借金があるとしましょう。今日、四千円の収入を得て、四千円をそのまま返済したとしても、借金はまだ六千円残っています。

わたしたちが得られる幸福も、このようなものです。つまり、もともと不満（マイナス一万円）があるところに、幸福（プラス四千円）を得ても、不満（マイナス六千円）が残っているという状態です。

日常生活のなかでは、たまに楽しくて幸福を感じることもあるでしょう。でも、差し引きすれば、幸福はゼロ以下、あるいはゼロに近い程度しか得られません。

どうがんばっても、「生きることは苦しみ」なのです。

ここまで、かなり大胆に、世間の常識とは正反対のことをお話ししてきました。理解しにくいところもあるかもしれませんが、これが事実なのです。

5　不満だから

不満だから、

●生きることに挑戦する。
●経済、科学の発達、学問、文化などがある。
●芸術、遊び、楽しむ文化がある。
●欲、怒り、嫉妬、憎しみ、落ちこみなどがある。
●競争、戦争、奪い合いがある。
●平和、調和、虐待、いじめ、殺し合いなど、なんでもある。

世の中には善いものも悪いものもいろいろなものがありますが、これらはすべて「不満」という衝動から生まれています。

ですから、いじめをなくそう、虐待をやめよう、競争をなくそうといっても、実際になくすことはできません。

世界ではよく「平和な社会をつくりましょう。戦争をやめましょう」といっています。

でも、平和も戦争も、実は不満から生まれているのです。

不満があると戦争になり、戦争はよくないという不満が出てくると、平和を求めるのです。勝てそうだと思ったら戦争し、負けそうだと思ったら平和を謳《うた》うのです。

これは、社会の事実です。実際、これまで社会から虐待やいじめがなくなったことがあるでしょうか。いじめられるのは、だれでもイヤでしょう。でも、いじめはずっとあったのです。今もありますし、これからもあるでしょう。

ケンカをしてはいけないと、みんなが知っています。では、なぜなくならないのでしょうか。不満があるからです。不満によって、戦ったほうがよければ戦いますし、仲直りしたほうがよければ仲直りします。わたしたちは、その都度、その都度、ケンカしたり、仲直りをしたりして生きているのです。

6 消えないのは不満

- 努力してがんばると不満が増す。
- 努力しないで怠けると不満が増す。
- 成功すると不満が増す。
- 失敗すると不満が増す。
- 不満は限りなく生まれる。

不満は限りなく生まれます。元気にがんばって行動しても不満が生じますし、がんばらないで怠けていても不満が生じます。成功しても「さらに成功したい」という不満が生じますし、失敗しても不満が生じます。

いくらでも不満は生まれるのです。「不満をなくして満足したい」と不満に挑戦することが、生きることなのです。

では、はたして不満をなくすことはできるのでしょうか？　不満をなくそうとがんばると、どうなるのでしょうか？

さらに不満が生まれるのです。けっきょくは、なにをやっても不満が生まれるのです。

これは、数学や科学のような物質論で説明できるものではありません。これは、こころの問題であり、存在の問題ですから、生きるという存在の問題として考えてみてください。

生きれば生きるほど、なにが大きくなるのでしょうか？　不満が大きくなるのです。そして、不満が大きくなればなるほど、わたしたちはますます生きることに挑戦するのです。

不満だから、食べていますし、寝ていますし、しゃべっていますし、あらゆる行為をしています。なにをやっても不満が生まれますから、また挑戦するのです。

この挑戦に終わりはありません。したがって、「生きることが終わる」ということは成り立ちません。死後も、この挑戦はつづいてゆくのです。

これが仏教でいう「輪廻転生《りんねてんしょう》」です。

善いことをして生きていても、
悪いことをして生きていても、
善と悪の両方をして生きていても
収入を得て生きていても、
生きることがイヤでなにもせずに生きていても、

不満があるから生きつづける。

善いことをやる人は、不満があるから善いことをやっていますし、悪いことをやる人は、不満があるから悪いことをやっています。仕事をして食べて寝るというだけの人も、不満があるからそういう生活をしていますし、なにもしない人も、不満があるからなにもしないのです。

不満があると、わたしたちは「満足」とか「幸福」というニンジンをめざして走ります。これが、生きるということなのです。

人を助ける善行為も、人を殴《なぐ》る悪行為も、どちらも不満から生じています。すべての行為は不満から生まれ、その不満が新たな不満を生み出すのです。

ですから、「生きる」ということは限りなくつづき、輪廻転生は避けられません。こうやって、苦しみは無限につづくのです。

そこで仏教は、輪廻のシステムから脱出するために「捨てる」ということを教えています。「善も悪もどちらも不満から生まれるのだから、執着を捨てなさい」と。

仏教の教えの一般的なところでは、「悪いことをしてはいけません。いっぱい善いことをしましょう。幸福で生きていましょう」と教えていますが、究極的なところにいくと、「一切の執着を捨てる」ということを教えているのです。

これについては、最後の章の「不満を克服する道」で、もう一度お話しすることにいたしましょう。

第3章　不満が消えない仕組み

1　物質のダイナミズム

□一切の物質は不安定

なぜ物質は動くのでしょうか？　不安定だからです。

なぜ地球は自転・公転し、太陽は燃えているのでしょうか？　不安定だからです。

なぜ物は古くなったり、汚れたり、壊れたりするのでしょうか？　不安定だからです。

なぜ私たちの身体は老いるのでしょうか？　なぜ死ぬのでしょうか？　不安定だからです。

一切の物質は不安定で、絶えず動いています。動くといっても、空間を移動するという意味ではありません。movement（ムーブメント、移動）ではなく、dynamism（ダイナミズム、不断の変動）です。物質はダイナミズムなのです。

たとえば、スーパーで買ってきたアイスクリームを冷蔵庫に入れないで、そのままテーブルの上に置いておいてください。どうなるでしょうか。どんどん変わっていくでしょう。アイスクリームは空間的には動きません。同じ位置にありますが、ずっと変化しつづけているのです。これが「ダイナミズム」ということです。すべての物質はダイナミズムなのです。

物質は絶えず変化しています。なぜかというと、今の状態が不安定だからです。変化しても不安定だから、また別の状態に変化します。それも不安定だから、また別の状態に変化します。やっぱり不安定だから、また別の状態に変化します。

このように、物質は絶え間なく変化しつづけるのです。

□物質に関わると不満になる

わたしたちは、そういう不安定という性質をもつ物質のなかで生きていますから、すごく不満になるのです。

たとえば、何年もかけてお金を貯め、ローンでやっと家を建てたとしましょう。それで万万歳《ばんばんざい》でしょうか。

家を建てた瞬間から、その家は変わっていくのです。ほこりは溜まるし、汚れるし、傷はつくし、壊れるし、そのたびに掃除をしたり修理しなければなりません。やってもやっても変わりますから、これにはきりがないのです。それでも、やがて壊れてしまいます。

ご飯を食べること、服を着ること、仕事をすること、音楽を聞くこと、なんでもそうですが、物質は常に変化していますから、それに関わっているわたしたちのこころには、どうしようもなく不満が生じるのです。

ご飯を食べると満足するのではなく、不満になりますし、音楽を聞くと満足するのではなく、「音が小さすぎる、大きすぎる」などの不満が生じます。音楽がすばらしいものだったら、「もっと聞きたい」という別の不満が生じるでしょう。

なぜ不満になるかというと、ものが一瞬たりとも止まっていないからです。

❑楽しいことは瞬時に消える

楽しいことがあっても、それは瞬時に消えますから、こころに不満が生じます。

ときには、楽しくて気分がよくなることもあるでしょう。でも、物質は常に変わっていますから、その気分のよさはすぐに消滅するのです。おいしい料理を食べても、そのとき味わった満足感は、あっという間に消えてしまいます。

満足感をもちつづけることはできないのです。これは花火のようなもので、花火が夜空に咲いた瞬間、「美しい」と見えるでしょう。でも、次の瞬間から、花火ははかなく散ってゆくのです。

❏「ものが在る」というのは無知な人の考え

わたしたちは、「ものが在る」という前提で生きています。コップが在る、中に飲みものが在る、わたしがいる、わたしが飲みものを飲む、というように。でも、「ものは在る」といえるでしょうか。「在る」のではなく、「ダイナミズム」なのです。瞬間瞬間、別のものに変わっています。

しかし、わたしたちは「ものが在る」と錯覚しています。コップを見た瞬間、「コップが在る」と思うでしょう。わたしたちは、八十年ぐらい経たないと

「コップが変わった」ということに気づかないかもしれません。でも実際には、コップは瞬間瞬間、変わっているのです。

それから、数学の「点」や「一直線」「数字」というものは在るのでしょうか。これらは、現実には存在しないものなのです。なのに、わたしたちは頭のなかで「点がある」「線がある」「数字がある」と思いこんでいます。「ものが在る」というのは、わたしたちの誤認（誤った認識）であり、錯覚なのです。

現代社会は科学技術が発達し、さまざまな発見や発明がなされています。しかし、どこかで「こんなはずではなかった」と思っているのではないでしょうか。

医学は急速に発達していますが、うまくいかないこともたくさんあります。この「うまくいかない」ということが、真理の立場から見れば、あたりまえで普通の状態なのです。

みなさんは、うまくいかないとすぐに落ちこんで悩むでしょう。「うまくいかない」といったとたん、なにもやらなくなるのです。

仏教徒は、それとは反対に、とことんチャレンジします。しかし同時に、「すべてはダイナミズムだから、うまくいかない」ということも理解しているのです。

❑「在る」と誤認して一喜一憂する

なぜ「ものが在る」と錯覚してしまうのでしょうか。

錯覚は、見ること、聞くこと、嗅《か》ぐこと、味わうこと、触れること、考えることから生じます。

たとえば、耳に音が入って、それを「○○さんの声だ」と考えると、その人は「ことばが在る」と認識しているのです。ことばというものは、明らかに、ないものでしょう。聞いたそばから消えてゆくものです。

でも、わたしたちは頭のなかで「あの人がこういった」と、ことばを固定的に捉え、一喜一憂するのです。ひどいときには、他人にいわれたことを死ぬまで忘れずに覚えている人もいます。

この「ものが在る」という錯覚が、限りない不満を生み出しているのです。

2 こころのダイナミズム

❏誤った認識

こころは、絶えずものごとを認識しています。認識しているといっても、誤って認識しているのです。

たとえば、ある映像があり、それが順々に十のステージまで変わっていくとしましょう。一から二に変わり、二から三に変わり、三から四に変わり、……十まで変わっていきます。

その映像を、わたしは見ています。まず一のステージが現われると、「わたしは一を見た」と認識します。認識したあと画面を見ると、そこには四のステージが現われています。「四だ、わかったぞ」と思った瞬間、こんどはその画面に七のステージが現われています。「七だ」と思った瞬間、次に見ると十のステージが現われているのです。

そこでわたしが見たものは、なんでしょうか。一と四と七と十だけです。一から十まで全部のステージを見たわけではありません。

では、なぜ全部のステージを見ることができないのでしょうか。それは、認識するのに時間がかかるからです。こころが一を認識しているあいだに、画面は一から二に変わり、二から三に変わり、三から四に変わっています。それで次に認識しようとすると、画面が四になっているのです。二と三は知りません。そして四を認識しているあいだ、画面は五、六、七へと変わっているのです。

そこで「この映像について説明してください」というと、当然のことながら、一と四と七と十のステージしか説明しないのです。

にもかかわらず、「わたしは全部見た、全部知っている」と思いこんでいます。ほんとうは全体の一部しか見ていないのに――。

このように、わたしたちはものごとを正しく認識していないのです。

□こころはけっして止まらない

一部しか認識できないということは、そのあいだ、こころが止まっているということでしょうか？

止まっていません。ずっとはたらいています。たとえ一と四と七と十だけしか認識できなくても、こころははたらきつづけているのです。

でも、対象をすべて認識することはできません。なぜでしょうか？

それは、外部の情報が入ったとき、わたしたちは情報をのんびり理解したり、それについて妄想したりするからです。外部の情報はさっさと変わっていきますが、こちらはのんびり妄想しているため、対象をすべて認識することができないのです。隙間《すきま》が生じるのです。そして、わたしたちはその隙間を強引につなぎ合わせて、さらに自分勝手な妄想や幻覚をつくりあげているのです。たとえば、今みなさんは「本を読んでいる」と思っているでしょう。でも、ほんとうに読んでいるでしょうか。

読んでいないのです。本を読みながら、ときどき別のことを思い出したり考えたりして、こころはしょっちゅう本から離れているのです。そして、読んだところだけを強引につなぎ合わせて「わたしは本を一冊読んだ」というのです。

同様に、わたしたちは絶えず見たり聞いたりしていますが、実はちゃんと見ていないし聞いていないため、はっきりものごとを知らないのです。

では、外部の情報を遮断したら、こころは止まるのでしょうか？

止まりません。こんどは妄想を始めるのです。外の情報がなくても、内にある感情が燃料となって、妄想がフル回転するのです。そうすると、新しい情報が外から入ってきませんから、妄想する人はますます世の中が見えなくなり、どんどん無知になってゆくのです。

お釈迦さまは、「ヴィパッサナー」という実践方法を教えられました。これは、自分自身やものごとに「気づく」ための実践方法です。ヴィパッサナーでなにに挑戦するかといいますと、妄想を止めることに挑戦するのです。わたしたちは、入ってきた情報について妄想ばかりしているものですから、ものごとをあるがままに知りません。

ヴィパッサナーを実践することによって、認識力が高まり、ありのままに知ることができるようになるのです。妄想はだんだん減ってゆき、ついには「**ものはダイナミズムであり、こころもダイナミズムである**」という真理を発見して体得することができるでしょう。

このときの知識は、一般の知識とは比べものになりません。はるかに高いレベルの智慧《ちえ》なのです。

真理を発見するのに、道具は必要ありません。必要なのは、こころの集中力と、妄想をしないことなのです。

□こころ（認識）は瞬時に変わる

世界は瞬間瞬間、変化しています。同時に、こころも（認識も）瞬間瞬間、変化しています。見たり聞いたりするたびに、こころは変わりますし、また、こころが変わらないと、見たり聞いたりすることはできません。

たとえば、草むらに小さな花が咲いているとしましょう。その小さな花を見て、「花だ」と認識します。その花のそばから、蛇《へび》が出てきました。蛇を見た瞬間、「蛇だ!」と認識します。そこで、花を見たときの気持ちと、蛇を見たときの気持ちは同じでしょうか? ずいぶんちがうと思います。

このように、こころは瞬時に変化しますし、変化しなければ「花」とか「蛇」などと認識することができないのです。こころがまったく変わらず、生まれたときからずっと同じだったら、なにも知ることはできないでしょう。

わたしたちは、絶えずいろんなものを見たり聞いたり感じたりしていますし、そのたびに、こころは変化しているのです。

❏不満だから認識する

なぜ物質は変わるかといいますと、「不安定」だからです。

なぜこころは変わるかといいますと、「不満」だからです。不満だから、もののごとを認識するのです。

しかし、認識しても、認識した対象はその瞬間から変わってしまいますから、わたしたちのこころにはまた不満が生まれます。その不満をなんとかしたいと、さらに別のものを認識しますが、その対象もすぐに変化するため、また不満が生まれます。それで、また別のものを認識するのです。これが絶え間なくつづいてゆくのです。

「認識」といいましても、これは「誤認」のことです。ものごとを正しく認識するなら、すべての問題は解決しますが、わたしたちは「誤った認識」をしているために、悩みや苦しみが生じるのです。

❑不満はこころの性質

不満、怒り、欲、憎しみ、落ちこみ、後悔などはこころの性質であり、物質ではありません。

一方、物質には不満も怒りも欲もありません。ただ不安定で、変化しているだけなのです。

そこでみなさんに覚えていただきたいことは、「物質もこころもダイナミズムであり、そのどちらも安定していない」ということです。安定していないもの同士が関わり合うのですから、不満が生じるのは当たり前でしょう。こころには不満しか生じないのです。

❑こころが支配者

こころというものは物質（身体）に依存してはたらいていますが、それだけでなく、物質を変えたり管理したりもします。

たとえば、なにか悩みごとがあると、頭痛がしたり食欲がなくなったりするでしょう。また、あまりにもストレスが溜まると、早く白髪になったり老けたりします。

逆に、八十歳や九十歳の方でも、ストレスがなく穏やかに生きている人は、健康的で若々しく見えます。

このように、こころが身体を管理して支配しているのです。

❏こころは強烈なポテンシャルをもっている

こころは、巨大なポテンシャル（転換可能な潜在力）をもっています。ポテンシャルのことを、パーリ語では「saṅkhāra（サンカーラ）」といい、日本語では「行《ぎょう》」や「業《ごう》」といいます。

こころは、外部の情報があってもなくても、身体があってもなくても、ポテンシャルで回転をつづけます。見ていないときも聞いていないときも、こころは勝手に回転するのです。

わかりやすい例が、夢を見ることです。眠っているとき、外部の情報は入ってきませんが、夢を見るでしょう。夢を見るのは、こころが回転しているからです。こころは、ノンストップなのです。

❑ポテンシャルは増えつづける

外の情報がなくても、こころは妄想して、はたらきつづけます。妄想するのに必要なエネルギーは、感情です。感情は、次から次へとエネルギーを生み出します。

たとえば、腹が立ったとき、それについて妄想すると、さらに腹が立つでしょう。今の怒りが次の怒りを生み、その怒りが、また次の怒りを生むのです。妄想すればするほど、怒りはどんどん増えてゆきます。感情は自己生産しますから、業《ごう》はいくらでも増えるのです。

反対に、業《ごう》はなかなか減りません。ある業があり、その報いを受ければ業はほんのわずか減りますが、それと同時に新しい業をたくさんつくっているのです。

これは、借金を返済すると同時に、多額の借金をするようなものです。それだったら、どんどん借金が増えるだけでしょう。

❏こころの回転によって輪廻転生する

ポテンシャルがあるかぎり、こころのはたらきが止まることはありません。これが輪廻転生《りんねてんしょう》の証拠です。

輪廻転生ということがわからなくても、「こころはずっと回転し、一瞬たりとも止まらない」、あるいは「妄想は止まらない」ということなら、ご自分の心身を観察すれば、おわかりになるでしょう。

世の中には「身体が壊れたらすべて終わり」といっている人もいますが、それは事実ではなく、たんなる観念であり、妄想にすぎません。身体が壊れても、こころの巨大なエネルギーが停止することはないのです。

それから、わたしたちはだれでも、死後、天国に行くことを希望しているでしょう。でも、そう簡単には行けません。なぜなら私たちの生き方は、希望どおりにいくのではなく、不満どおりにいくからです。

勉強しないで遊んでばかりいる子どもも、「勉強したほうがいい」ということはわかっていますし、「頭がよくなりたい」という希望もあるでしょう。しかし、いくら希望しても、勉強しなければ頭はよくならないのです。希望だけでは、どうにもなりません。

このように、だれでも「天国に行きたい」と願っているでしょうが、次の生を決めるのは、希望や願望ではなく、死ぬ瞬間の自分のこころの質なのです。

□「こころが在る」「わたしがいる」というのは錯覚

わたしたちは「こころが在る」「わたしがいる」と考えていますが、そのどちらも事実ではなく、錯覚です。

なぜ「わたしがいる」と錯覚するのでしょうか？

それは、瞬間瞬間「わたし」という感覚が現われては消え、消えては現われているにもかかわらず、その事実を認識することができないからです。

「わたしがいる」という錯覚が、絶えずこころに流れている不満を、苦しみに変えているのです。

どういうことかといいますと、たとえばだれかがわたしになにかをいったとしましょう。そのとき「わたしの悪口をいった」と考えたなら、気分が悪くなり苦しくなります。

なぜ苦しくなったのでしょうか？

それは、「わたしがいる」という錯覚にもとづいて、「わたしを貶《けな》した」と妄想したからです。

こころには絶えず不満が流れていますが、「わたしがいる」と錯覚することによって、不満が苦しみになるのです。

「わたしがいる」というのは蜃気楼《しんきろう》のようなものです。砂漠のなかで蜃気楼を見て「あれは湖だ」と錯覚すると、のどが渇いた旅行者はその湖に向かって歩くでしょう。しかし、けっきょくはたどり着くことができず、疲れはてるだけです。

反対に「蜃気楼だ」とわかっている人は、そちらに向かって歩いていくこともないでしょうから、疲れはてることもないのです。

生きることは不満です。

「わたしというものは現象である」ということを理解している人には苦しみ

がありませんが、「わたしがいる」と錯覚している人には苦しみが生じます。さらにその錯覚によって、こころが汚れ、悪まで犯すのです。

このようにして、わたしたちは「不満と苦しみの監獄」のなかで生きているのです。

3　不満と苦しみの監獄

□感情に従えば苦しみが増える

感情も、人生を「不満と苦しみの監獄」にしています。

たとえば、イヤなことがあったとき、家族や周囲の人たちにあたりちらして、どなったり暴言を吐《は》いたりする人がいるでしょう。

なぜそんなことをするのかといいますと、憂《う》さを晴らして気分がよくなりたいとか、ストレスを発散させたいとか、そうすることで幸せになりたいと思っているからです。

でも、そんなことをして、幸せになれるでしょうか。

なれません。感情に任せて相手を害しても、気分が晴れることはありませんんし、問題は解決しないのです。

チョコレートが好きだからといって、際限なく食べつづけたらどうなるでしょうか。食べているときは「好きなものが食べられて幸せ」と思っているかもしれませんが、結果は虫歯になったり糖尿病になったりして、ひどいめにあいます。

欲も、怒りも、怠けも、嫉妬も、憎しみも、すべての感情はそのようなもので、感情に従えば苦しみが増えるのです。

どんな人も不満で、不安で、恐怖で、震えています。

なぜかといいますと、「わたしがいる」と固く信じているにもかかわらず、「わたしの身体」が年々衰えて、老いてゆくからです。

「元気で若い」と思っていたのに、足腰は弱くなり、「体力がある」と思っていたのに、ちょっとしたことで疲れ、「美しい」と思っていたのに、プロポーシヨンは崩れ、顔にシワやシミが出てきます。

わたしたちの希望に反して、身体はどんどん衰えてゆくのです。それで、「どうしよう、こんなはずではなかった」と不安になり怯《おび》えるのです。

わたしたちの愚かなところは、そういう現実を認めるのではなく、さらに自我を強めて「永遠になりたい」と妄想することです。これがまた、とてつもない苦しみを生み出すのです。

そこで、恐怖や不安、苦しみから解放されたければ、「実体としてのわたしはいない」ということを理解することです。

ものごとは常に変化していますし、身体もこころも変化しています。いくら認めたくなくても、これが正真正銘の事実なのです。このことを真に認めることによって、こころに「安らぎ」が生まれてくるのです。

これまで、不満ということについて「論理的バージョン」で説明してきました。少々むずかしかったかもしれません。

これから同じことを「単純バージョン」で説明いたしましょう。これで理解できると思います。

4　不満を満たせない仕組み

田中という名の男性がいるとしましょう。

田中さんは生まれたとき「田中」という名字をもらいました。その田中という名字は、二十歳になっても四十歳になっても八十歳になっても変わらず、ずっと田中のままです。

しかし、人間の中身のほうは、身体もこころも、絶えず変化しています。赤ちゃんが子どもになり、小学生、中学生、高校生になり、成人し、中年になって、老年になるのです。

このように中身は常に変わっていますし、質的にもまったくちがうものなのです。赤ちゃんと六十歳の男性とでは、身体もこころもまったく質がちがうでしょう。質がちがうのに、わたしたちは同じ名前をもちつづけているのです。

そこで仮に、時間の経過とともに「田中」という名前を変えてみましょう。ある瞬間を田中さんといったなら、別の瞬間には田中さんではなく、名前を変えて別の名前にするのです。

そこで、あるとき田中さんがBという品物を見て「これがほしい」と思いました。しかし、田中さんは時間とともに変化します。その変化した人を「中田さん」としましょう。田中さんはもういません。中田さんに変化してしまったのです。また「B」という品物も、時間の経過とともに変化して「C」という品物に変わりました。

そこで、初めは「田中さんがBをほしい」と思っていたのですが、結果として「中田さんがCを得る」ということになったのです。

田中さんがBという物がほしかったところを、中田さんがCをもらってどうなるのでしょうか。中田さんにはCが必要なのでしょうか。

田中さんは、Bがほしいと思ったその瞬間にBが得られたら楽しいでしょう。しかし、田中さんもBも瞬間瞬間、変化していますから、「田中さんがBを得る」ということは不可能なのです。

ですから、ほしいと思ったものは得られないのです。せいぜいできるのは、「中田さんがCを得る」ことです。でも、これでは意味がありません。中田さんにはBもCも必要ないのです。中田さんがCを得たのは、田中さんがBをほしいと思ったからであって、中田さんが望んだものではありません。

このように、わたしたちも希望や願望、ほしいものがたくさんあるでしょうが、それらはけっして叶わないものなのです。

もう一つ例を挙げましょう。

二十歳の若者が車をほしがっています。彼女をドライブに連れて行きたいと考えているのです。でも、若者はまだ二十歳でお金がありませんから、車を買うことができません。

そこで、仕事をしてお金を貯めることにしました。それから十五年が経ち、若者は三十五歳になりました。結婚もして、子どもも二人いて、貯金もいくらかあります。それで、ずっとほしかった念願の車をようやく手に入れることができました。

しかし、そのときはもう遅いのです。二十歳のときに求めていた楽しみを得ることはできないのです。当時の彼女はいませんし、ロマンチックにドライブすることもできません。今いるのは奥さんと二人の子どもで、いつも奥さんに「買いものに行くから車で送ってちょうだい」とひっぱられるのです。

二十歳のときに車があったなら、最高に幸せだったでしょう。でも今は、そのときと状況がまるっきりちがうのです。

いつでも「時間のずれ」があります。「二十歳の若者」と「妻子をもつ男性」とでは、まったくの別人です。自分もまわりも、すべて刻一刻と変化しているのです。

ですから、満足することも、希望や願望が叶うことも不可能なのです。あるのは「こんなはずではなかった」という失望感と不満感、これが無常から生じる結果なのです。不満を満たすことはできません。

5　不満が人生です

親も社会も、つくってくれるのは不満です。親は子どもに安心感を与えていると思ったら、それは大まちがいで、徹底的に不満を与えているのです。

たとえば、現代の母親は子どもの顔を見るたびに「勉強しなさい」とか「宿題終わったの」というでしょう。母親はなにげなくいっているのかもしれませんが、子どもはそれを聞くたびに、不安になるのです。

あるいは、「大きくなったら一流大学に入りなさい」などといわれたら、子どもはえらく怖くなって不安になり、緊張してしまいます。それは子どもにとって大きな負担になり、プレッシャーになるのです。

親も、兄弟も、親戚も、友人も、仕事も、教育も、知識も、大なり小なり、わたしたちに影響を与えていますが、これらが与えるものはけっきょく不満なのです。

しかし、不満や不安があるから、わたしたちは生きることに挑戦しています。親に「宿題やったの」といわれた子どもは、イヤイヤかもしれませんが、机に向かって勉強するでしょうから。

世の中の人びとは、「生きることはすばらしい」と生を賛嘆しています。でも、現実は「生きることは不満」なのです。

ということは、世の中の人びとは「不満はすばらしい」と、不満を賛嘆していることになるのではないでしょうか。

6　成功のポイント

「生きることは不満である」ということを、これまでずっとお話ししてきました。

不満を満たすことはできませんが、それでも生きるうえでは、元気に活発に、いろんなことに挑戦してみたほうがよいのです。

「人生は不満だ」とただ嘆いていても、それは無意味なことです。失敗しても、成功しても、不満に勝つことはできません。価値は同じです。

それなら失敗を選ばずに、成功を選び、いろんなことに挑戦して、明るく生きたほうがよいのではないでしょうか。

❏大きな夢を細切《こまぎ》れにする

わたしたちは、無防備にも大きな夢をもちたがります。しかし、自分の能力以上のことをやろうとすると、けっきょくは失敗し、失望し、落ちこむ羽目《はめ》になるのです。

もし大きな夢を持っているなら、それを細かく切ってみてください。なぜ細かくするのかというと、そうすることによって具体的に実行しやすくなるからです。

細かく切った小さな一個なら、失敗することなくじょうずにやりとげることができるでしょう。じょうずにできたなら、心に喜びが生まれます。その喜びをもって、次の一個に挑戦すればよいのです。

そうやって一つひとつの小さなことに挑戦していくことが成功のポイントになるのです。

□感情をコントロールして理性を使う

欲、怒り、嫉妬《しっと》、見栄《みえ》、わがままなどの悪感情をコントロールし、理性を使うことによって、成功することができます。

たとえば、だれかにイヤなことを言われて腹が立ったとき、感情は「相手をやっつけろ、言い返せ、仕返ししろ」と言いますが、理性は「それはやばい、抑えたほうがいい」と言います。

すると、感情がまた「弱虫、腰抜け！」と言いますが、理性は「冷静に、落ち着きなさい」と言います。

そこで、もし感情の声にしたがったらどうなるでしょうか。いうまでもなく、ひどい結果になるでしょう。

ですから、感情ではなく、理性の声を聞くことがたいせつで、それが成功のポイントになるのです。

それから、他人の言うことも鵜呑《うの》みにしてはなりません。他人も、けっきょくは感情でしゃべっている場合が多いのだから……。

❑過去・未来にとらわれない

人生は常に変化し、あらゆるものが変化しています。常に新しい問題が起きてきますから、過去の出来事にこだわって、一点に留まっている暇はありません。

「成功した」と思うと、舞い上がってそこに留まり、怠けてしまうでしょう。「失敗した」と思うと、悩んで落ちこみます。どちらにしても、過去にとらわれると前に進むことができません。

そこで成功のポイントは、過去に執着せず、将来の夢を見ず、「今」という瞬間に目を向けて、今やるべきことに集中することです。

成功には一時的な幸福があります。人生は無意味だからといって、落ちこんだり怠けたりしていては、よけいに苦しみが増します。

❏「満足できない」ということを理解する

これまでずっとお話ししてきましたように、あらゆるものは変化していますから、けっきょく、わたしたちの心が満足することはありえません。ですから、「必死でがんばっても意味がない」ということも、あらかじめ理解しておくとよいでしょう。

前もって「満足できない」ということを理解しておけば、落ちこみも失望もありませんから、ものごとにとらわれずに日々元気に生きることができるのです。

成功してもべつに意味はありませんが、それでも成功することを選んだほうがいいでしょう。「失敗するよりなにもしないほうがまし」といって、ただ座りこんでいるのでは話になりません。

成功すると、それなりに楽しみを味わうことができます。学校のテストで高得点をとったなら楽しいでしょう。そういうちょっとした楽しみに挑戦していけばよいのです。

第4章　不満を克服する道

ブッダの推せん

これまでみてきたように、生きることは不満ですが、はたして不満を克服する方法はあるのでしょうか。

ありません。

仏教では「不満を消す方法」を教えています。

□世俗編

日々の生活のなかで悪い行為をやめ、みんなの役に立つ善い行為をおこなうことです。

感情的にならずに理性をはたらかせ、慈しみのこころをもって生活してください。

そうすれば、確実に成功をおさめることができるでしょう。

こころに喜びが生まれてきますし、充実感が得られます。

不平不満も徐々に減ってゆき、期待どおりに生きることができるでしょう。

みんなと仲良く、穏やかに、落ち着いて、平和に生きることができます。

競争で苦しむこともありません。

世俗のかたがたにたいしては、不満を完全になくすことより、不満にうまく対処する方法を教えているのです。

❑出世間編

では、不満を完全に解消するためにはどうすればよいのでしょうか。
次のことを観察してください。

- すべてのものは無常である。
- 瞬間瞬間変化している。
- 実体はない。
- 幻覚や陽炎《かげろう》に引っかかって苦しんでいる。
- 執着したものは得られない。

・「捨てる」ことを習う

一切のものは瞬間瞬間変化していますから、なにを得ても、けっきょくは意味がないのです。

第3章の4「不満を満たせない仕組み」（94〜98ページ）のところでもお話ししましたが、田中さんがBという品物をほしいと思っても、Bを得ることはできません。なぜなら「時間のずれ」があるからです。

「Bをほしいと思ったとき」と「Bを実際に得たとき」では、田中さんもBも変化しているのです。ですからBを得ても、そのとき田中さんにはBが必要なくなっているのです。

そこで「ほしい」という欲が生まれたとき、「ほしいものは得られない、執着したものは得られない」ということを理解して、こころの執着を捨てることを仏教はすすめています。

絶えず変化しつづけている現象世界のなかで「満足」を探すことは、火の中で氷を探すようなものです。

火の中に氷を見つけることはできるでしょうか。できません。

仏教では「火の中に氷はない」と理解して、ものごとにたいする執着を捨てることを説いているのです。

・最高の安らぎ「涅槃」を経験する

自分の身体も、こころも、外の世界も、すべて無常です。
生きることは不満を満たすことではなく、捨てることです。
捨てて、捨てて、捨てて、先へ進むようにしてください。
すべてを捨てきったところで、究極の安らぎを経験します。
別のことばでいえば「完全なる無執着」の状態です。
このとき、すべての不満が消滅するのです。

したがって、不満を完全に解消するためには、心を清らかにし、悟りを開かなければならないのです。

著者紹介

アルボムッレ・スマナサーラ

(Ven Alubomulle Sumanasara)

1945年、スリランカ生まれ。13歳で出家得度。

国立ケラニア大学で教鞭をとった後、1980年に招聘されて来日。

現在、日本テーラワーダ仏教協会の長老として、瞑想指導・説法・経典勉強会・講演会・機関誌『パティパダー』監修・著書の執筆など多方面にわたる仏教活動をおこなう。

2005年、大寺派日本大サンガ主管長老に就任。

NHKテレビ「こころの時代」出演。朝日カルチャーセンター(東京)講師としても活躍中。

著書　『希望のしくみ』(養老孟司との共著、宝島社)

『なぜ、悩む!』(玄侑宗久との共著、サンガ)

『ブッダの実践心理学 アビダンマ講義シリーズ』(藤本晃との共著、サンガ)

『死後はどうなるの?』(国書刊行会)

『原訳「法句経」一日一悟』(佼成出版社)

『無常の見方』『怒らないこと』『心は病気』(サンガ)

『ブッダ—大人になる道—』(筑摩書房) など多数。

連絡先

東京都渋谷区幡ヶ谷1-23-9 〒151-0072

(宗)日本テーラワーダ仏教協会

Tel. 03(5738)5526

E-mail: gotami@m05.itscom.net

本書は二〇〇六年九月二十三日(宗)日本テーラワーダ仏教協会より施本として刊行された同名の書を編集しなおした。

わたしたち不《ふ》満《まん》族《ぞく》 満《み》たされないのはなぜ？　ISBN978-4-336-04844-8

平成19年３月15日　初版第一刷発行

発行者　佐　藤　今　朝　夫

〒174-0056 東京都板橋区志村1-13-15

発行所　株式会社　国　書　刊　行　会

電話 03（5970）7421　ファックス 03（5970）7427

E-mail:info@kokusho.co.jp　http://www.kokusho.co.jp

印刷 ㈱エーヴィスシステムズ　製本 ㈱ブックアート